EL SÍNDROME DE KORO

EL SÍNDROME DE KORO

Jose de la Vega

Título: *El síndrome de Koro*
Colección Miarma, n.º 4
Primera edición: abril, 2025

© Jose de la Vega
© de esta edición: Disbauxa Editorial
© Prólogo: ava cívico
© Ilustraciones: Manu Badás
© Fotografía de solapa: Francisco Ruiz Portero
Diseñado y maquetado por Disbauxa Editorial

ISBN: 978-84-129358-4-4
Depósito legal: B 8242-2025
IBIC: DCF | Thema: DCF
90 páginas, 14×22 cm

Somos **Disbauxa Editorial**
Estamos en Barcelona

editorial@disbauxa.es
www.disbauxa.es
@disbauxa.editorial

Índice

Prólogo: *repudiar la vehemencia. estremecerse con la flor*,
por ava cívico   9

El síndrome de Koro   13

       A B U N D A N C I A   21

       S O L A C I O   31

       A R D E N T Í A   57

       R O R A N T E   75

Prólogo

repudiar la vehemencia. estremecerse con la flor

por ava cívico

¿qué tan difícil es mirar hacia adentro? el vértigo ante el abismo, una ligerísima sensación de náusea, un fugaz atisbo de la nada o, incluso más pavorosa, la confrontación con todo aquello que ha confeccionado, puntada a puntada, la carne que ahora envuelve, violentamente enhebrada, nuestras vísceras, estas que pudiésemos o no haber compartido con otras pieles igual de podridas, de sucias, de mancilladas por la marca de todo aquello que aprendimos a decir y performar en masculino.

¿en qué grado y profundidad están los verbos que utilizamos y las acciones que ejercemos, nuestra ridículamente sesgada y parcelada visión de las cosas, la manera en que amamos o deseamos a otres, afectadas por la configuración que el patriarcado ha establecido para todes nosotres? ¿es nuestro estado artificioso de fábrica una condena o acaso un punto de partida del que poder desasirnos en búsqueda de una ruptura sistémica —y nunca sencilla— que, quizá, en algún momento de la travesía, nos lleve a encontrar un leve indicio de ternura?

es ese viaje, ese sumergirse en las raíces de la performatividad obligada, lo que Jose de la Vega realiza en *El síndrome de Koro*, un cuerpo poético que, si bien no busca expiar el daño

9

perpetrado por todo lo erigido como masculino, sí se enfrenta a él, y el propio poeta, aun sabiéndose lastrador e incluso replicante de toda esta violencia, también se reconoce a su vez como víctima de la misma: «ser como quieren/será/una cicatriz».

De la Vega se sabe reproductor de la performatividad masculina incluso en las dinámicas del sexo, a las que dedica una parte importante de la obra: «hombres amaestrados por hombres/esperan encontrar más hombre amaestrado», al tiempo que repudia esta carestía de cariño y dulzura y no teme aseverar que toda esta dinámica no hace sino asesinar a la terneza. su poema «Ardentía» se configura como claro ejemplo de cómo esta construcción del género y de lo que debiera ser un hombre han despojado al propio ser de su emotividad: «la belleza se rinde a las embestidas de cualquier (a)/si hubo una emoción de mis ojos por tenerte dentro/si mi iris siguiera dulce y virgen a tientas humano/mirarte a los ojos mientras me penetras sería una buena canción/no te hablo de Amor/hablo de la lengua».

el autor emprende así una huida de lo establecido, de aquello que repudia la fragilidad y la delicadeza al delegarlas a condiciones menores —femeninas— y persigue, a través de sus versos, alcanzar un estadio ajeno al binarismo impostado y las estructuras de poder dominantes: «Nosotros,/vuestros hijos, somos/sol y luna./Ellas,/vuestras hijas, las condenamos/a la oscuridad,/la cadena fría:/el yugo del decoro». De la Vega persigue no la perpetuación del sistema, sino abrazar la suavidad de una inocencia de «sangre pasiva de este cuerpo con andares de hembra» que le fue despojada por la furia de los hombres: «los sonidos del beso de vuestras botas al/asfalto resuenan a mis espaldas, son los/tentáculos alzados de la medusa que inflaman/todos mis miedos.../ahora.../huir, evitar, confrontar, deshacer los nudos/de vuestras manos o romper la nuez:/encontradme en…». una voluntad que se hace palpable en poemas como «deshombrear», una suerte de conjuro o danza con la que el poeta busca deshacerse del hombre, entendido este como reproductor de todas las categorías de violencia y dominación establecidas por el patriarcado.

¿cómo romper entonces con las cadenas de la masculinidad forjadas y arrastradas por tantas generaciones? el autor encuentra en la poesía quizá una herramienta de revolución ante lo establecido, la persecución de una nueva palabra con la que decirse y explicar el mundo, categorías semánticas para acabar con la dictadura de la hombría y abrazar así la sensibilidad de un mundo que desconozca la imposición del binarismo, inventar un cosmos ignorante de la crueldad de la masculinidad performática. en palabras del propio autor:

«Abandonar el brazo que termina en un puño-padre, la espalda que desemboca en un orificio-culpa. Abandonar las violentas anatomías. Más simple, las anatomías y lo que concretan. Abandonar será extinguir la edad del hombre, no volver sobre sus huellas. Partir será hacer pan con la espiga que sostienen nuestros glúteos, la espiga que muta la brisa en oro. Partir será estremecernos con la flor que asoma en la boca-boca boca».

deshacer el camino andado, detenerse ante la caída del otoño, quizá observar pacientes el vuelo del albatros, quizá en todo ello encontremos un ápice de ternura y de consuelo.

ava cívico
marzo de 2025

El síndrome de Koro *es el noveno libro de Disbauxa Editorial.*

El síndrome de Koro *es el cuarto libro de la colección Miarma, nuestra colección de poesía.*

El síndrome de Koro *es el segundo poemario de Jose de la Vega y el último (hasta la fecha).*

Mi padre murió cuando creó todo y a Dios.
Solo me dejó una capa.

A las lágrimas de mi padre, a esa mañana.

no soy un genio,
pero sí sé
que ese sistema
con el que me golpeas
se llama
puño.

Pat Parker

]Cualquier texto seduce con su apoptosis,
excepto las sílabas Hom/bre:
una suerte de saliva de Tierra
pegajosa
perenne]

Fetal origen:
el puño antes de... era un muñón.
Las células se suicidan para desgajar
cada dedo que formará la mano
que formará el puño.

La Vida esculpe vida
a través de la muerte.

Abundancia

... le había temido tanto, su estar como muerto en el
sofá florido me había apaleado,
me destrozó su silencio, fui una Eva
que él tomó y aplastó de nuevo en barro.

Sharon Olds

Y tú
a quienes hasta las piedras llaman
Padre
qué secreto placer en este escándalo

la que ha sido mi carne ofrecida
en subasta
para eterno alimento de los perros.

Ada Salas

Anexos: Cosmos

El Padre rajó su Estómago en dos. En la única cesárea que sufrirá un padre. La mitad más preciada entregó su forma al Hombre; el antro regurgitó a Dios. De los regueros que dejó aquel acto de creación, nació el resto de las Cosas: las mujeres, los hombres que no son Hombre, los animales, las plantas, la tierra, lo frágil, lo salvaje, el horizonte... El Padre vio; los desechos eran una niebla depredadora de la luz de Dios y de Hombre.

Dios escuchó: [grito lastimero del Padre] entonces desolló su piel en finos hilos de Orden-Razón. Hombre ató entrellas las Cosas: la tierra a las plantas, lo frágil a la mujer, los hombres que no son Hombre a los hombres que

no

son

Hombre, los animales a lo salvaje. Así, Hombre aprendió a contar hasta dos... consiguió allanar la cima de lo complejo. El horizonte quedó libre, escupió el sol y la noche, para no ser amarrado se disolvió en una línea de fuga y se bautizó con dos sílabas: [/].

Hombre le dijo al Padre: *solo Dios podrá deshacer lo que yo he atado y guardará todas las Cosas entre los felices pliegues de su vientre durante el sol-día. Así no tendrá que contemplar los despojos de la creación. En la noche-luna, saldrán, mientras duerme, todas las Cosas, para respirar en un plasma de ambiguos sueños, en una jaula de carne, ciega a sus ojos. Creerse libres, pero nacer en los ojos del perro y tragar, devotas, el barro de Tu Creación.*

Miríada

Padre es el golpe que enseña
el golpe en cada mesa.

Padre, obsérvame, ¿qué ves?
  Cero. Yo soy el ejecutor de cada cópula.

Dios es la mirada que dicta
la mirada en cada casa.

Dios, obsérvame, ¿qué ves?
  1 hombre que no es Hombre. Yo soy la lógica en cada castigo.

Hombre es el hombre que fuerza
al Hombre en cada Cosa.

Hombre, obsérvame, ¿qué ves?
  1 Cosa. Yo soy el músculo de cada hueso.

Contemplo y rujo: ¡devolvedme mi falsa costilla!

Escucho:

  Somos 1 Padre 1 Dios-Hombre.
  Somos:
  golpear, arrastrar,
  derrotar, vencer,
  humillar, violar,

enfurecer, arrebatar,
enrocar, abatir,
negar, oscurecer,
desterrar, romper,
desheredar, mancillar,
ensoberbecer:
Somos el 1 que estamos
en todas las Cosas.
Todo lo que no seamos lo nombraremos: enfermedad,
nuestros perros olisquearán sangre entre sus restos.

Esas naves de batallas, de verbos masculinos,
empotran mis nervios.

Histérica, me susurra el Orden-Razón

Bulle esa carcinogénesis, esa lengua del Hombre
que agrede, y crece entre mis muslos.

Contemplo rugido: ¡devolvedme a la sangre que menstrúan
[las mujeres!

[que me diluya en la sangre invisible]

Alzo el puño y amenazo como esperan.
Estrangulo mis uñas con la palma.
La ira se condensa
pintando mis uñas del color
de la cereza.

Desde el horizonte la mujer se reb(v)ela:
«no abandones la herida fresca,
la cicatriz nos hace ser
como si Nada».
A veces, las raíces y su padecer
engendran garras.

Abro la mano, la palma gotea,
sobre mi faz-hombre,
la lágrima
del deseo.
Coloniza mi boca,
se clona en mi saliva,
se desliza,
serpentina, por mi garganta,
se precipita en eso
que llaman hombría.

Escucha mi sosiego:

esto que sostienes entre tus manos
es una celebración de
poemas que mudan piel de
edénicos versos
en
la huida del poder y su embestida.

SOLACIO

Sabremos ya matar,
silbar mientras violamos,
reír hasta dolernos las mandíbulas.

Esta vez, cuando regresen,
podremos defendernos.
Esta vez, cuando regresen,
se toparán con ellos.

Olalla Castro

Mira cómo marcan los huesos
nuestra forma de guerra
desgarrando jirones de nuestra piel
para nutrir el fondo de nuestras caras como máscaras
a las que dimos nombre de hombre.

Audre Lorde

S   O   L   A   C   I   O

De 45 a 22 huesos

Hay una edad
en que los huesos
son víspera:
aguante del derrumbe.
La edad
en que un soplo
los quiebra.

Hay un tiempo sin voz,
solo de escucha,
aviva
colibríes
que polinizan
los oídos:
    príncipe o ¿princesa?

    Debes ser: la eternidad siempre fue:
    viril.
    No puedes hacer: lo quebradizo está en un lugar:
    siempre-femenino.

Hay un relato que detona
aterciopelado y nuclear
en mil metrallas
que se sueldan a
esos huesos de
esa edad.

Un cuento cálido como las heces,
que hiberna en todas las osamentas:
noxa y origen.

Su sonido empapa,
como lluvia negra de Hiroshima,
una violencia envuelta en vasallaje.

Mil esquirlas hoscas, millones de veces
inhumadas,
orbitan rebañando el alma a su navaja,
hurgándolo todo.

La grieta no es un alimento del espacio,
es un tiempo
ahembrado.

Ensangrar la ternura

Detrás de cada reja,
bajo la buganvilla,
juega un niño.
Un niño
con el lápiz de labios colorao.
Juega un niño
con el sollozo;
silban, cantan, aún,
aquellos vidrios rotos
y su repudiado seno.

Un hombre fingido
se revuelve contra la extinción
de su ternura.

Los hombres de la casa tienen hambre.

Un niño en espera
libera, le cruje, el llanto,
aún podrían ser lágrimas de niña.
Viene el padre:
la comida no está hecha.

Ambos salivan como brutos.

Los hombres de la casa tienen hambre.

Aprieta el hombro de su vástago,
se extasía
con su yugular:
   hay que embridar
   en
   la infancia.

El pequeño descubre
sus dientes satisfechos,
mastican la lágrima,
mastican su simiente de hembra:
escupir la mujer que se atraganta en la tráquea
como el llanto cuando, obligado, se le ahoga.

   Los hombres de la casa tienen hambre.

Ese:
aprenderá a esperar en cada mesa
a que le sirvan las madres desmenuzadas;
aprenderá a devorar cada plato y
que ellas recojan lo que su boca derrama;
aprenderá a pensar que cada deseo
brotará en ellas con su saliva.

¿Quién necesita candor en esta lengua del Hombre?

Al mañana:
procesión de infantes fúnebres famélicos emocionales,
arrastran a sus hermanas

y madres
a desfilar las calles.

Ellas, masticadas, van tejiendo una hebra de rescate
hacia un ajuar
del júbilo que aguarda,
a pesar de
sus sangres
y
la despedazada terneza.

Ser
como quieren
será una cicatriz.

Nidos en el abdomen

¿Alguna vez desterraré
la sangre que acabo de recitar?

Alguna vez... si no dejo de sangrar
esta sangre de tantos siglos.

¿Quién necesita caricias
en la soledad de los hombres?

Él durmió conmigo,
dijo mi nombre
con su habla de dunas.

¿Quién necesita nanas
en el énfasis de los hombres?

Una madrugada alcanzó mi madrugada,
yació, amante Padre, ad-herido a mi espalda,
Nok, nok... su puño en mi vientre,
apretó fuerte,
empujó,
apretar,
empujar,
APRETÓ,
EMPUJÓ
hasta que saltaron las costuras del cordón umbilical.
Se incrustó, rebosante de carencias, en las entrañas.

Dejó el puño incestuoso
en las vísceras de mi cuerpo,
como un arpón se abandona,
después de la caza, en la ballena.

En la mañana
con espinas en mi lengua y garganta.
En la mañana
eyaculé por primera vez.
En la mañana
fui a encontrarlo.
Temí redención:
tarántula de cinco patas,
allí estaba, donde su dedo índice,
desde el abdomen,
señalaba:
en el espejo:
nuestros rostros, nuestras pelvis:
como dos muros enfrentados.

Interludio: deshombrear

Danzar en el velo. Desastrado cuerpo adolescente. Parapetada la faz tras la mano-insecta. Revelándola en golpes, mientras la cadera deletrea una S concreta para el cuerpo amaestrado en sus maneras concretas. Disimularse, deformarse por el cérvix. Sudar cada pluma retraída.

Restañar una luz de volantes mientras voltea el cuerpo sobre vértices que dibujan voces que bisbisean: *puto: puta.* No demudar a la bailarina de la caja de música que se (des)que braja.

¡Visaje y alma! El pene se mece en la piel del vientre como la semilla en la pulpa. Las manos florean para una brisa que suspira y al instante... se marchita. Creo firmemente que de mi boca nunca manarán besos. Espantar la memoria-mosca de cómo nos nombraron. Cuando el olor a hombre desaparece acontece algo armonioso. Todo lo que es ajeno al baile es un pudridero para mi macho inconstante.

¡Detén la danza! Pestañeos. Unos peces comienzan a cruzar del suelo al techo. Pestañeos. Atraviesan la madriguera para limpiarse los parásitos. Pestañeos. En su camino te besan la nuca o golpean con sus colas plateadas mis testículos que salpican saliva-purpurina. Brillan como luciérnagas en la boca del

lobo. Plumean sus escamas: servirán de lentejuelas en las noches cruentas.

¡Infestar un cuerpo! Construyeron, hilvanando una figura de hombre con las trizas sepultadas de los antepasados. El torso del abuelo, las piernas del tío, el sexo del hermano... Supura el lagrimal como un hilo (pestañeos), como un ácido en la lengua que desliga el alma del cuerpo. Ahora, ahora se divide mi cuerpo en diferentes géneros, en diferentes Yoes, en diferentes culpas. Sin embargo, nunca seré más cuerpo que en esa danza. Me encanta jalear a la muerte con miradas.

¡Clavo odio en tu desnudo! El sepulturero sanciona la cama con su semen acumulado. *Yo puedo quebrar tu columna con un golpe sordo de mi pala, palmear como la parca, marcar un compás durante tu sacrificio.*

Palmear, solo
palmear-palmear. Solo él, doctor, experto, entrenado ojo muerto, divisa mis costuras cosidas y descosidas tantas veces en el dormitorio que baila. Solo él acumula los hilos perdidos de las réplicas. Solo él puede, que ha vivido conmigo desde la cuna, componer la soga como última pirueta. Solo él puede quebrar mi columna con un golpe sordo de su pala, palmear como la parca, marcar el compás durante el sacrificio.

Vivir, ya siempre, con esa amenaza. Desmoronar el cuerpo. Con esa amenaza. Construir un muro con sus restos y ocultar el cascabel de mis maneras bajo la cama.

Un sapo en mi pecho deleita a su pegajosa lengua con las moscas que erupcionan en mi boca. Aguardas que en las afueras el silencio sea tu aliado, pero acaba siendo la cuerda tensa. Tensa. Y. Adentro, un puño se alivia, aplaude chasqueando los dedos y afirma: el amor, para mí, siempre será una conjetura; una soledad que no florece, solo revienta.

Máquina gangrena

Salir y entrar de la carne de las mujeres,
guarecerme entre sus fieles afectos,
¿busco el cuidado del cobarde?

No es
posible. Sucumbir es perder el privilegio.

Rebuscar la lengua del Hombre
en el ardor de mis arterias,
al arder de mis sutilezas.
Redimirme, vaga(mente).

Colocan el cuerpo en un centro.
Y en su centro, un vientre-calvario.
  Amputarlo es de enfermos,
  amputar el cuerpo es soldarse con la muerte,
me dicen.

Desconocen, para mí,
amputar es apretar el dedo de la madre,
fluir
por cada vertiente.

Intenté legrar
toda
complexión masculina,
oh, el puño florece

alimentado de ese arraigo.
Sus cinco uñas
trazaron un
melocotón
sobre el reverso
de mi sacro.

Soy tan débil
como un nombre sin cobijo.
Sucumbo
ante los machos milenios.

Un monje está de pie sobre mi boca,
suspira con abulia.
Ora por mí,
por ser
un devoto simulacro:
    Lo natural no debería ser una pendiente.
Mientras, lamo y aspiro el aroma de

la planta de su pie.

El monje cerca mi pescuezo,
tanteo,
}enardecida erección{
tanteo
el perdón:

mi pena golpea   al otro
su lástima me hace   *Nada.*

¿Dónde mueren las medusas? [tres actos]

I

un suceso es:
la soledad
un silencio
que concurren
en un estallido
de violencia.

II

regreso en soledad y os encuentro con vuestros cuer-
pos en geometría de lápida en una calle desierta de
madrugadas replicadas.

labrada la lección del padre en la saliva que riega
vuestra carnosa charla —tiemblo ante vuestra pose
de ceremonia, mi corazón se torna en musaraña—.
¿por qué me codiciáis con esas miradas hormonadas?
nutrir quizás las aceras con esta sangre pasiva de este
cuerpo con andares de hembra.

conozco el preludio al suceso, tintineo la rabia que
acumuláis: torsos de la manada que sabe de su extin-
ción, dolor por todas las lágrimas de niña que devoró
vuestra nuez de Adán. cercenadas todas las fronteras
con la sombra de mis ojos, qué patria, qué género, qué
familia os ampara.

al llegar a vuestra altura, os convido a mis costillas de
Eva para saciar vuestros puños —lo más honesto de
vuestros cuerpos—, os ofrendo mis labios de carmín
para vuestras atávicas salivas —lo más errado en vues-
tros deseos—.

los sentidos se oscurecen con la proyección de vuestras sombras de cruz que husmean el martirio de mi entraña: hígado, bazo, sesos...

ahora...

los sonidos del beso de vuestras botas al asfalto resuenan a mis espaldas, son los tentáculos alzados de la medusa que inflaman todos mis miedos...

ahora...

huir, evitar, confrontar, deshacer los nudos de vuestras manos o romper la nuez: encontradme en...

III

un sueño es:
una niño
que danza-danza
por su don
entre la muerte
de las medusas.

Fausta cortesía

1.er mandato

Construimos siglos de tul negro
sobre el
el
el
femenino pensamiento,
una fábula-belleza de enigma-
mujer
para una hipnosis de silencio.

Esclavas del misterio.
No es
misterio,
es
omisión,
es
un eclipse.
Nosotros,
vuestros hijos, somos
sol y luna.
Ellas,
vuestras hijas, las condenamos
a la oscuridad,
la cadena fría:
el yugo del decoro.

Haremos del leguaje, del
verso,
una estrategia-socorro,
una excusa
para un desdén
de romántico orfebre.

Vuestras hijas alaridan, *avasalladas*,
en un aire insonorizado
por la *Costumbre*.

Alaridan, cansadas de conquistar,
siempre,
en las fronteras
que dibuja nuestra ira.

Alaridan, sublevadas con la
palabra,
en el arcano canon
que traza nuestro lenguaje:
paren: la leengua de agua.

2.º mandato

Para nosotros construimos un
cuadrilátero,
a vosotras os pusimos a pelear en
el barro.

Mientras, el puño estrangula un
ramo
con flores de casamiento.

3.ᵉʳ mandato

Se consume
el anémico remordimiento,
me hombreo.

Al amparo
de mi ventaja
monto la trampa
de
de
la mujer
entrenada para alimentarse
con nuestras desgracias.

No os empeñéis en sanarnos
o
nombrarnos como Bestias.

Yeguad
el futuro,
dejad atrás
cualquier forma de sal

cualquier pacto.
Podéis sentirlo, sin que mengüe, el horizonte.

Abandonad
estos versos intrusos.
Extraviad
estos imperativos poéticos.
Que no os engañen mi mesura
ni mis maneras;
mi voz, mi timbre son un caníbal.

Vuestro alaridar nunca fue educado,
es hondo y fértil,
lo único
capaz
de bendecir nuestra extinción.

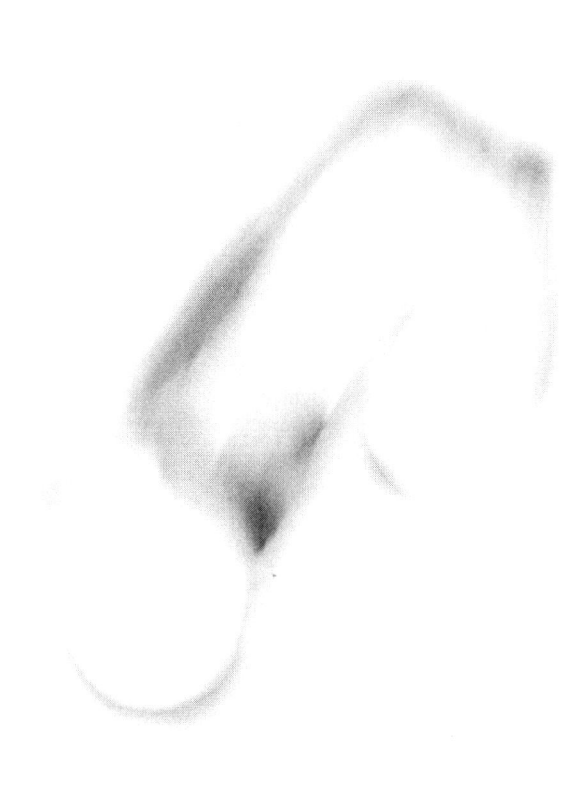

ARDENTÍA

El orgasmo es al miedo como una cerradura
de acero
ser ahogado sobre la almohada
por una determinada pose flagelante
la dulzura de la cotidianidad no existe
la penetración se desliza en una noche
lunar
como una necesidad higiénica
para abrir los ojos de nuevo bondadosos.

Carmen Ollé

Soy varonil, activo, me gustan personas
jóvenes, sin barba, rasurados, masculinos sin
plumas, conocernos máxima discreción, sexo
en todas sus formas.
Yo polla 17 cm

Luis en Grindr

. Padre
cuántos poetas acechan escupen escupen en mi boca
trayectorias en versículos
colmada la cavidad oral
de lírica fálica
anhelo en mí un no que no llega un no

[Turbia tensión en la comisura del labio-labio, } no]

. Hermano
siente cuánta saliva y semen gruñen contra mi esófago
alagando mi estómago y cubriéndolo de cisnes
alzando sus plumíferos cuellos aguardando un sustento
[que   go
t
e
a
la zona sumergida revela sus anatomías de esqueleto
un horror de colgajos de un deseo desecado
tintinea mi campanilla cuando escapa en su vuelo
[surfeando mi arcada

. Hombre uno
confieso soy saliva de cal
mi puño coquetea alrededor del cuello de otros cisnes
en otros estómagos
(hacino mis versos como calles
derramo orgasmos sin prudencia
)
quebranto un no que no auxilio un no

[Aborrecer agotado de perpetua tentación} no]

. Hombre seis
trato de velar el olor escatológico ardo un-un Palo Santo
nuestra cópula hunde las raíces en una culpa que no arrecia
entrar y salir de la carne carne verbo carne camino: carnear
eyacular tierra ándrica eyacular cenizas de hombre
almar el semen sobre el vientre el puño se re

vu
el
ve

                                    . Hombre treinta y tres
                         fue nuestro motín vivir en su repulsión
adensar   su náusea con el cortejo de sables
                                                      dan
                                                      zan
                    sables que   danzan-danzan
        ser a sabiendas gemido   en el milímetro   del eco
        deleco. siempre de lejos   siempre la. ausencia

        [En el ombligo del hombre siempre haay algo muerto]

. Hombre 99
La belleza se rinde a las embestidas de cualquier   (a)
si hubo una emoción de mis ojos por tenerte dentro
si mi iris siguiera dulce y virgen a tientas humano
mirarte a los ojos mientras me penetras sería una buena
                                                   [canción
no te hablo de Amor
hablo de la lengua
ha
blo
blo
ha ha   blo de la lengua   de agua
que ahucia

. Hombre ciento tres
te encontré en el dormitorio a cuatro patas
hombres amaestrados por hombres
esperan encontrar más hombre amaestrado
abro la boca boca
germina el Apetito,
disentir sobre la carne se me atraganta: yo
soy la cuchilla despiadada que en el espejo canta

. Hervirnos en las alcobas]

. Hombre antepenúltimo
necesito un alivio de las fauces de la Metáfora
sé de dónde viene este cauce
el río seco el río de la Sed
cómo olvidar su herencia de cólera
cómo no nutrir su corriente que despedaza -> eso que
                        [nombramos inercia ->
        -> es
-> solo   -> la dicta-dura

. Hombre vagabundo
. Piedad alcánzame en tus brazos
ante la hostil tierra que me silencia

Sé ensañarme contra mí...]
]Sé ensañarme y sé la Furia
vendaval que arrasa y llaga

Me tienen como nos imaginaron

Me tienen
premeditadamente Voraz

Solo quiero que este puño se desvanezca deje de apretar el
[vientre que dé
semen-alma en ahíto

Solo amamos al Hambre si go
t
e
a

Ya no podemos ser fuego]
[Llegamos con el fuego
hasta que nos invadió la sordidez
de la caricia calcinada

Lobea la Metáfora sigo reclamando la herida cada vez
                    [que blando el cuchillo en la
                    [cocina
no me zafo de la niñez asustada cuando me follan y se
                              [marchan, Padre,
escucha,
por qué dejaste que me hicieran esto

la vida flaquea: Padre, ven, por qué dejaste que me hicieran
                                   [que me hicieran
esto que les dejara escupir en mi boca sin yo pedirlo
                    rompieron la palabra que consiente
qué

              rastro deja el sometimiento
         si el río ya estaba seco retornaré
         si el río sigue reseco aún volveré
         reclutado por la costumbre de la carestía

Padre, cuando me arrullaste por primera vez entre tus
     [brutales brazos se despertó la ternura por el niño
              con sexo de niño con expresión de niño
     tenías restos de tierra cuando me depositaste en la cuna
              se derramó sobre mi vientre penetró en la herida
              [fresca que cercenó el cordón umbilical en mi
              nacimiento así somos los de mi especie:
              la herida antes que el tajo

     No hay culpa Cada hombre lleva en los gemelos de su
                         [camisa tierra santa
                    tierra-muerte tierra-semen

De esa gleba brotó un tulipán negro
a su almizcle acudió la lengua del Hombre
«no
    te
           tientes
                ante
                    la muerte»

              qué florearán mis dedos
          abejas que hieren la uña-cereza
            avispas que no van al cielo
            aunque aguijoneen la boca:
                la hombría no sacia
                es solo Hambre

            cada noche asentía con la ausencia de tus nanas
                    tu voz-afasia era un arcángel
                          y arder
                          y colmar

                  Susurro jadeos
                  silabeo jadeos
                  palabreo jadeos
                  alarido jadeos
    todo lo que muere es lo que tú no quieres que crezca
              c u á n t o   poder, Padre,
  todo lo que ~~muere~~ matas es lo que te jura y te incierta
              te excitaba mi anhelo húmedo
                que moja tu tierra

Hombre extinto, cómo no nos oyes
     si todos los hombres anunciamos nuestra corrida
Tengo miedo cuando el Apetito es una mandíbula en mi recto

Esta Hambre que no sacia esta Sed que no cesa esta Hambre,
Padre, que me carcome esta Sed, Padre, que me reseca y tus
verbos me apalean y tus palabras ah tus palabras pálidas:

Creíste que ibas a ser revolución
con tu semen como aliento
Ven conmigo a la guerra
mi verbo es mi ejército
Eres mis tendones en éxtasis
mi oración de la Carne
Eres mis labios
que dicen
sangre

¿No sois carnales y andáis como hombres? dice tu Biblia

¿Qué hacer con la belleza de la caricia sobre la carne
     si no alimenta? ¿Si cuando eyaculas el cuidado se guarece
como un animalillo que presiente la caza?

Ya fui los hombres
el algoritmo más viejo
el cadáver más nuevo

¿Qué hacer, Padre, con la fatiga de la ardentía?

la lengua lengua de agua al fin la enuncio:
    premonición del valor nítido
    cada palabra es una metamorfosis
    cada verso extingue el Génesis: sus emisarios y poetas

        la enuncio.   apretando la hebra de rescate
                        aprieto empujo

        la enuncio-cio.   pudrimiento del puño

        la leengua de agua enhebrada
        con los alaridos que anuncian
        la nueva entraña

        la ausencia del desagravio
        también es una hebra herida
        la última condolencia

        deshilada la estirpe-cólera
        comencemos a escribir: la desherencia

Alguien dijo que los antiguos creían que la luz surgía del interior de nuestros ojos y que era uno mismo quien lanzaba luz sobre las cosas, y que sin importar hacia dónde se mire la luz de los ojos seguirá cayendo sobre el mundo entero.

David Wojnarowicz

lucear agua y lengua
pronunciar las pronombres
sílabas en lo sacro de lo cierto

lucear templanza y lava
exhibir las danzas
raves en el exterior de la madriguera

lucear estambre y escucha
mis ojos zapatean
mi cuerpo locuaz
mi yo huele a añicos
y rubor

adiós a la soga tensa,
adiós a los sapos, sus moscas y sus cuentos
adiós a las réplicas

acoger la renuncia
adorar la esbeltez
de la palabra
que crea y habla

la herida es destello y duda
y el amor.   el a m o r
es una pregunta
al cuerpo vulnerable
que vive
y tiembla

Prefacio: *QUARKS*

Por crear, podríamos inventar un cosmos que ignore la crueldad que nos arrastró hasta aquí. Un universo que ignore las llagas en lugar de limpiarlas los unas a las otros. Pero hacer desde el vacío un avivar es despreciar las heridas orantes.

Así.

Para crear, comprenderemos el cansancio que nos varó en este instante. Con el descanso compondremos un hogar en el que poder enlarvarnos. Necesitamos una mística que no extenúe, una nueva liturgia de custodios. Observar la circunferencia de un iris cualquiera, conmovernos al cavilar que esas son nuestras partículas elementales.

Abandonar el brazo que termina en un puño-padre, la espalda que desemboca en un orificio-culpa. Abandonar las violentas anatomías. Más simple, las anatomías y lo que concretan. Abandonar será extinguir la edad del hombre, no volver sobre sus huellas. Partir será hacer pan con la espiga que sostienen nuestros glúteos, la espiga que muta la brisa en oro. Partir será estremecernos con la flor que asoma en la boca-boca boca.

Aceptar que hubo un tiempo-género, su arisca voz, su mirada seca, su tacto rancio. Aceptar que aún persiste, aún. Aún en la calidez, aún en los vientres gestantes. Aceptar heridar, heridarse, pero escoger los tajos, cuáles cicatrizan, cuáles frescos para nutrir la memoria-placenta.

Para celebrarnos, pausaremos los cuerpos cuando sacudan el capullo de la larva. Cuerpos celestiales. Se rozan con toodas las voces del agua, y roran. Cuerpos recitantes. Se humedecen con toodos los versos del silencio, y roran. Cuerpos que habitan en el cambio de la brecha, la inminencia del brote, la delicadeza del desnudo. Cuerpos que existen fulgurantes aunque la sombra aceche.

]la sombra
siempre estará
pero ahora
es la luz-luz
que alimentamos

la que alimentamos

para dar
darle

nuestra forma[

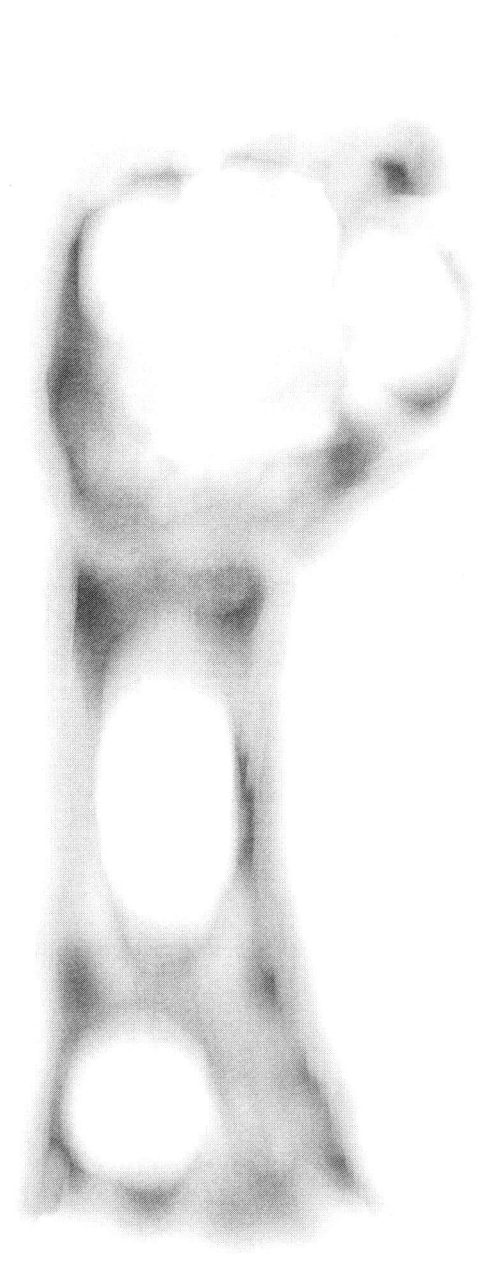

Rorante

de súbito
la luz

queda el agua como un cilicio
cavando en su violencia

y no tengo voz para decirlo

Gloria Gervitz

y mientras oigo a los reptiles acercarse
voy dejando que crezcan hasta el pelo,
envolviéndome la cabeza,
versos consoladores,
una humedad de llanto o de rocío
un musgo de palabras

Francisca Aguirre

R   O   R   A   N   T   E

alumbrar

labiaremos   cada pieza

de la mañana

cada pizca

del rocío

que se alumbran-alumbran en la juntura

de unos muslòs

ya   sin mercancía

ambiguar

con nuestras uñas   doradas en sol

procuraremos estar eternas

pero ya   somos siempre-vivas
las
las palabras
-cuerpo-sílaba-cristal-

organismos sutiles.   sutiiles   y continuos

la rosa que labia insolente

las raíces son   todo   aquello que
parte del consuelo
para alcanzar al orgullo

amanerar

alearemos   los pies de la lázaro

en las manos   del magdalena

y así:

otra   compasión
otra piedad

                    el refugio será solo refugio y no escondite

liviaanos y templados se gestan los gestos

que embriagan el rostro

                              que   alman
las   familias hospitalarias
y fraguan la jarana

amelar

brisaremos   cualquier legado

ahora el afán

será

será

que rresuene en el cartílago del tiempo

el rrumor
de unos dedos   en el panal
de los apegos

almar

naceremos

en el desgrano del óvulo y del esperma

innominados hasta poder decirnos a nosotras mismos
dueñas del designio

en un fervor   de cantos
nos bautizamos con un nombre audaz
nos   tararea
nos   matiza

en la serpiente
en el melocotón

ojo en ojo
diente diente sin diente
amor se dice amor
se cuestiona amor

naceremos   tantas
y hasta

exhaustarnos

ananar

reuniremos todos los fragmentos

angulosas
filosos
u onduladas

reuniremos todos los fragmentos

en todas las venas-venas
la nana   de la cereza
fecunda   y pensante

reuniremos todos los fragmentos del lenguaje
del consentimiento
del desarraigo
y sus ternezas

reuniremos todos los fragmentos
para habitar en ellos

asir

asirnos a las lágrimas   hasta la vejez
con ellas
desbordar el río-seco
desdibujar sus orillas

asirnos a otra ardentía   con un extremo
unido
al arrullo
el otro
a lo ambiguo

ahuciar

no recelamos ya
de glaciares
deshelados

con su agua
asearemos las heridas heridas
de las héroes
seguirán
vigorosas y complejas

dejaremos en ellas
las caricias y su materia

será
nuestra mano convexa
la que haga el hueco
que haga la raíz
que haga el
cuerpo

cuerpo

Playlist de *El síndrome de Koro*

Agradecimientos

Estas páginas han sido atravesadas por diferentes voces y miradas que las han transformado hasta lo que son hoy. Es necesario agradecer el tiempo dedicado y el cariño recibido.

Gracias a Marta y Manu, madres de Disbauxa Editorial, que entendieron mis palabras y confiaron en ellas.

A Rafael C. Gardón, por ser mi familia, los ojos que necesitan mis poemas y las manos que me empujan de la incertidumbre a la certeza.

A Olalla Castro, porque si hay algo que agradezco a esto que llaman mundo literario es haber encontrado una amiga fiel, emotiva y sincera. Has leído con ojos constructivos y mimosos estos versos.

A Munir Hachemi, por aportar orden, claridad y belleza a la parte final del poemario; por querer siempre compartir una cerveza y una charla conmigo.

A Río Muten, por ayudarme a liberar la partitura del aspecto escénico de la obra y a Carlos Aladro, por enseñarme a encarnar la palabra en esa partitura.

A Paco, por ser el caos necesario para que todo siga en movimiento; por la foto de la solapa, que captura lo que casi nunca muestro.

Las letras se bailan y se beben. Las letras se ríen y se lloran. Las letras se perrean hasta el suelo y se elevan hasta el cielo. Las letras se disfrutan y se discuten con amor. Las letras se dicen todas las que quieras y las que no, las aspiras. Las letras son de maricas y de bolleras, de guapas y de feas y de tu género y del mío. Las letras son y no son. Las letras se performan, se habitan, se gozan y, a veces, se escriben. Las letras las lees o te las comes (o te las f*llas). Las letras brillan y dan sombra. Las letras somos todas.